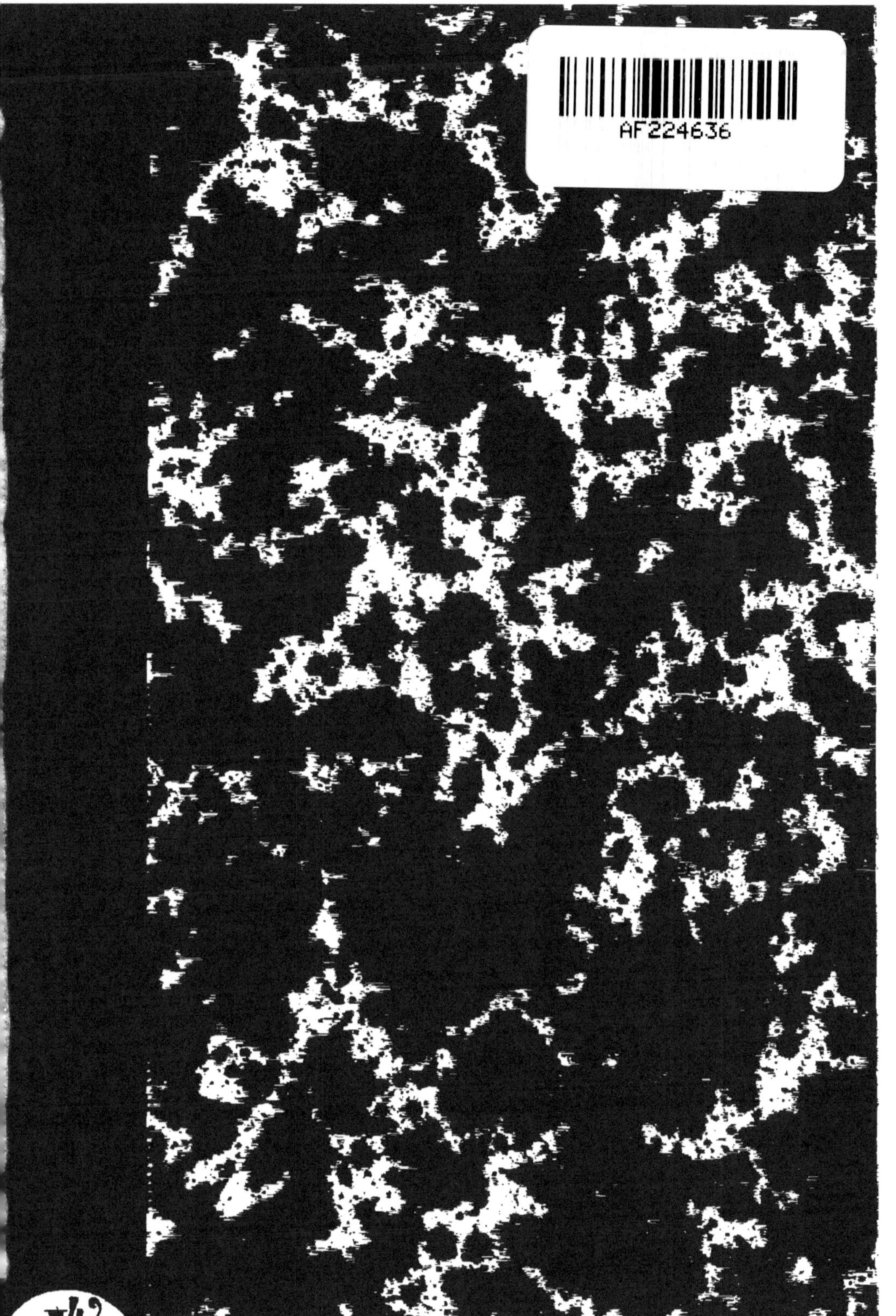

AF224636

DISCOURS

POUR LA FÊTE

DES VICTOIRES

ET DE LA RECONNAISSANCE

DE L'AN 4.me

Prononcé en présence des Autorités constituées du Chef-lieu du Département de la Marne, des Généraux, des Chefs des Corps, des Défenseurs blessés, et d'un grand concours de Citoyens ;

Par le Citoyen J. CHARRON, Administrateur du Département.

Imprimé par ordre de l'Assemblée.

A CHALONS-SUR-MARNE, DE L'IMPRIMERIE DE MERCIER.

DISCOURS

POUR LA FÊTE

DES VICTOIRES

ET DE LA RECONNAISSANCE

DE L'AN 4.me

Prononcé par le Citoyen J. Charron ; Administrateur du Département de la Marne, en présence des Autorités constituées du Chef - lieu du même Département, des Généraux, des Chefs des Corps, des Défenseurs blessés, et d'un grand concours de Citoyens.

CITOYENS,

DANS cette enceinte, où sont réunis les soldats de la Liberté, de glorieux travaux, d'honorables blessures, des services nombreux se retracent en foule, occupent nos souvenirs, et commandent impérieusement les témoignages de la reconnaissance. Pour en être le digne interprète il faut plus que du zèle; peindre nos victoires est l'ouvrage du génie : aussi, ne pouvant célébrer nos Héros français, je ne montrerai qu'eux ; je déposerai seulement sur leurs fronts glorieux quelques-unes des feuilles de chêne que, par mon ministère, l'Administration départementale mêle aux lauriers qu'ils ont moissonnés, et je disparaîtrai dans la gloire qui les environne.

Au commencement de la carrière, ma pensée s'élance et s'égare incertaine parmi tant de succès. Ainsi le peintre, amant de son art, transporté sur le sol de l'Italie, parcourt les vestiges de la grandeur romaine : chacun des Monumens qui ont résisté à la lime du temps, appelle ses regards et son enthousiasme ; et quand il décrit un chef-d'œuvre, il lui en reste encore cent mille à contempler et à peindre.

C'est donc à dompter notre enthousiasme

qu'il faut employer la méthode, et ce ne
sera qu'avec ménagement que nous soulè-
verons un coin du rideau magique qui
couvre le grand tableau de nos victoires,
dessiné par la vérité pour les générations
futures.

Au milieu des mouvemens successivement
tumultueux et révolutionnaires qui ébran-
lent encore la machine politique, il est heureux du moins de trouver à se délasser, à ren-
forcer nos espérances à l'aspect consolateur
des triomphes de nos enfans, de nos amis.

Vous tous, qui les premiers avez voulu
la destruction des abus qui s'amoncelaient
autour du régime monarchique ; vous qui,
lassés du despotisme insolent des Cours et des
courtisans, avez voulu que l'homme reprenant
sa dignité, fût compté pour quelque chose
quand il avait des vertus ; véritables amans
de la Liberté, imposez silence à vos douleurs ; fermez les plaies profondes dont vous
a tout couverts une poignée de scélérats,
lâchement ensevelis dans leur nullité quand
vous étiez sur la brèche, et qui, depuis

qu'il y a eu des forfaits à commettre, se sont emparés des évènemens. Citoyens, arrêtez le cours des pleurs que vous avez versés sur les pages de l'histoire des Francs : le jour est venu de vous armer de votre courage, de l'espérance, de votre invincible patience, et sur-tout de vos vertus.

Certainement les révolutions qui nous ont menacé de nous présenter à la postérité dans toute la nudité du crime ; les révolutions qui ont transformé quelques Français du 18.ᵉ siècle en véritables antropophages ; les révolutions qui ont inondé les pavés de nos temples, de nos rues et de nos places du sang de tant de victimes innocentes ; les révolutions qui, pendant 18 mois, ont placé une puissance dévorante dans les mains du brigandage et de l'immoralité ; qui nous ont donné l'esclavage, l'opprobre, les cachots, la mort ; qui ont vu proclamer avec le partage des fortunes, des récompenses, des encouragemens pour les attentats à la pudeur ; sans doute, de pareilles révolutions sont faites pour affaiblir le courage, attiédir le zèle, et étouffer les affections pures et les vertus.

(7)

Mais, Citoyens, toutes les circonstances, tous les évènemens qui concourent à la formation d'un Gouvernement, n'ont ni le même caractère, ni la même moralité; les hommes disparaissent, les choses restent; et la postérité accordera à peine l'attention du mépris aux levains abjects qui ont fait fermenter les circonstances. Qu'importe à l'histoire les diverses entreprises des partis, si la loi fait justice du présent, et si le parti qui triomphe devient celui de la raison? Ce sont les succès qui complettent la gloire; qui passent l'éponge sur les commencemens difficiles ; et si nous étions sûrs que les horreurs dont nous avons été les victimes, ne reparussent plus, peut-être avant le temps, jugerions-nous comme la postérité. La foi des traités trahie par les compagnons de Romulus, alors qu'au mépris du droit des gens ils enlevèrent les Sabines, est un crime atroce qui se perd dans la splendeur de Rome. Accablés du mépris et de l'indignation de leurs contemporains, les artisans criminels des bouleversemens, disparaissent

a. 4

et la providence écrit cet adage éternel qui venge les générations :

« *Pour se détruire entre eux, les scélérats sont faits* ».

Cessons donc de juger l'avenir par le présent. Ce n'est point dans l'état où nous sommes, que nous devons considérer les avantages, les résultats et les malheurs qui marchent avec les évènemens publics. Que ceux dont la meurtrière insolence calomnie tout, déprécie tout, et succès et vertus, et grandes actions, parce qu'ils appartiennent à un régime qu'ils détestent, régime que pourtant ils ne pourraient changer sans les plus effroyables secousses, qu'ils nous disent donc s'il n'est pas de la plus insigne mauvaise foi de chercher la République dans les crimes qui ont environné son berceau ? Ils savent bien que le spectre hideux et repoussant qu'il nous présente, n'est pas le corps de l'État.

Quoiqu'on en dise, ils ne sont pas en aussi-grand nombre, les partisans exclusifs du Gouvernement qui n'est plus. A force d'en parler,

(9)

nos anarchistes nous prouvent assez claire-
ment que ce cri perpétuel contre les royalis-
tes, n'est qu'un épouvantail dont ils se servent
pour détourner l'attention de dessus leurs
complots et leurs entreprises.

Au surplus, que les partisans de l'anarchie
et de la tyrannie se réunissent pour affaiblir
nos courages, détruire nos espérances,
comprimer nos affections et déshonorer le
nom français; je conspire, moi, contr'eux,
avec les vertus, les succès, les faits écla-
tans des Héros dont c'est aujourd'hui la fête.

Déployez-vous à nos regards, fastes immor-
tels où s'inscrivent les noms de nos guerriers ! . . . . Ne croirait-on pas en parcourant les pages glorieuses où sont consi-
gnés leurs exploits, que les évènemens qu'ils
retracent, sont l'ouvrage des siècles entassés?
Ne dirait-on pas que Rome et Carthage, la
Gaule ancienne et la moderne, tour à tour
racontent leurs actions, leurs batailles ?

De nombreux volumes sont consacrés
plus souvent par l'orgueil que par la vérité,
à transmettre des faits historiques qu'on

pouvait admirer ; mais dont ont verra bientôt tout l'éclat s'éclipser. Souvent des historiographes, qui ne sont pas des historiens philosophes, transforment en actions brillantes, en vertus sublimes ce qui ne mérite plus ces dénominations. Je vénere les anciens; mais ils n'ont pas tout dit ; ils n'ont pas tout fait.

La continence de Scipion, le courage de César, l'audace d'Annibal, la grandeur de Mithridate, l'enthousiasme heureux d'Alexandre, ne se reproduisent-ils donc plus? Partisans de l'antiquité, et vous amis de l'ancien régime des Francs, vous êtes ardens à replacer sous nos yeux les noms des Généraux dont j'admire aussi les talens, parce qu'ils étaient français, et qu'ils ont bien servi leur pays; mais vous ne nous ferez pas sans doute l'injure de croire que pour être plus nouveaux, les noms de nos soldats n'en sont pas moins fameux. Bayard sans peur et sans reproche, honore le siècle de François premier ; Nemours qui l'accompagne, justifie les espérances de son preux compagnon ; les Vendôme , les Duguesclin , les Coucy, les Turenne , les Villars , les Chevert , Chevert , dont le nom imprime une si douce émotion dans l'ame d'un Plébéïen ! tous ces hommes , enfin, ne paraissent qu'en détail , dans un long cours d'années......

Eh bien ! je vous salue , les quatorze armées de la République ! Ouvrez vos imposantes colonnes! Partout nos yeux surpris, découvriront à chaque pas dans vos bataillons les vertus , le courage , la patience, la persévérance et l'enthousiasme que les siècles avares n'ont que successivement fournis.

La loyauté de Bayard , la sagesse de Catinat, les talens de Vauban , les combinaisons de Turenne , le dévouement des Grenadiers de France , la froide bravoure des Grenadiers de Champagne , l'imperturbable aplomb de Neustrie , tout se retrouve à toute minutte ; tout est surpassé par l'immense majorité des grands talens militaires que la révolution a fait éclore , et que les batailles réitérées ont mûris.

Ici , l'épée seule à la main , un bataillon affrontant les mitrailles , enlève les bouches à feu qui distribuent la mort et balancent la victoire ; là , au milieu des neiges et des frimats , sans souliers, comme les insurgés américains , sans habits, comme les compagnons de Guillaume Tell , campés sur des glaçons , ou gravissant des monts escarpés , l'Armée plante l'étendard tricolore sur le sommet des Alpes; ici , des fleuves durcis reçoivent sur leur surface de brulans arsenaux ; les flammes roulent sur les fleuves ; l'onde et ses canaux vomissent des feux meurtriers , et des coursiers navigateurs s'emparent sur le Wall , des vaisseaux enfermés dans les glaces ; là , tous les élémens soumis , sont forcés d'obéir au génie français , et les plaines de l'air deviennent le théâtre sur lequel se dessinent les succès de Fleurus : Ici , sans rien , on supplée à tout ; là , sans canons, on gagne des batailles ; sans machines on prend des villes ; sans ponts on passe des rivières; sans alimens on se nourrit de la gloire ; partout des triomphes , partout des prodiges , partout des succès ! . . . .

Critiques déhontés, avilisseurs de la réputation des Fançais, ne voyez donc pas la République dans les comités révolutionnaires de Robespierre, dans les cafés de Babœuf, dans le comité insurrecteur dont, avec l'air niaisement composé, vous révoquez en doute la fatale existence. Venez dans les camps, venez y voir le courage au milieu des dangers, la patience au sein des privations, la discipline parmi tous les fermens de l'insubordiration ; . . . c'est-là qu'est l'initiative de la République, la Liberté dans toute sa splendeur. Suivez - moi dans la Belgique, à Dusseldorff, dans le Palatinat, sur les rives du Rhin, dans les plaines d'Argonne. Apparaissez mânes chers et sacrés de nos Héros ! Échos fidèles de Walmy, Spire, Jemmape et Lody ; redites-nous les exploits dont vous fûtes le théâtre ! . . . .

Oh ! s'il était encore de mauvais Citoyens, insensibles à nos triomphes, quelques lâches égoïstes, abattus par les longs froissemens des circonstances, qui osassent se dire : *Eh ! que nous importent donc tant de succès ?*

à quoi nous servent tant de victoires ? Nous leur dirions : Quoi, toutes les puissances conjurées circonscrivaient , hérissaient la République d'une triple ceinture de canons , de bayonnettes ! Quoi , dirigées d'abord par des émigrés , qu'elles abandonnent et méprisent , et ensuite par le perfide machia-vélisme du Gouvernement anglais , elles se disputaient l'honneur de vous maîtriser et d'asservir le Peuple français ; et il n'eût pas fallu défendre vos foyers et assurer au Sénat la liberté de fabriquer vos lois ! Loin de nous ; votre présence souille le sol de la Liberté.

Ce n'est plus pour propager lés principes aussi sanguinaires qu'extravagans des Chau-mette ; ce n'est plus pour ceindre du ban-deau royal le front d'un avocat d'Arras ; ce n'est plus pour traîner une raison étique dans les murs du vatican que nos fils répan-dent leur sang dans les plaines de l'Italie ; c'est pour défendre notre territoire , main-tenir notre constitution , assurer notre indé-pendance , entraîner l'univers par le spectacle consolant de nos vertus ; c'est pour laisser aux peuples leur phisionomie nationale, s'ils veulent la conserver, que nous sommes armés et vainqueurs.

Aussi , avec ce système bien connu , bien suivi par un Gouvernement qui occupe une place importante dans la balance politique, l'Europe toute entière, lasse d'être le théâtre de la dévastation, se prépare-t-elle à la paix.

L'Espagne, ce royaume si riche des tributs du Potose, étonnée d'avoir dépensé des hommes pour une guerre de famille , recherche notre alliance. Les Isles espagnoles sont le prix de nos traités ; et ses ambassadeurs apportent au Gouvernement les témoignages de l'amitié qui nous est offerte par un roi, et ce roi, c'est un Bourbon !

Venise réunit ses envoyés à ceux qui viennent rendre hommage aux principes du Peuple français.

Pacifiée par nos efforts, la Hollande libre avec ses mœurs, nous ouvre les vastes comptoirs que l'Europe tributaire de son commerce avait respecté.

Sur les rives orgueilleuses du Rhin, l'Autriche, dépouillée de ses espérances effrayée de nos succès dans l'Italie, s'en remet malgré la trêve, au destin des batailles hazardeuses que la valeur française saura rendre décisives; et les armes réunies long-temps en faisceaux, ne tarderont pas à rester debout devant les combattans.

Les Anglais, ces fiers insulaires, ces éternels rivaux de la France, tourmentent les mers sous le poids d'une puissance formidable. Notre persévérance et l'intérêt des nations offensées de la perfide tactique de leur ministère corrupteur, leur raviront le sceptre de fer qu'ils font péser sur l'océan ; tandis que tout en attendant ce moment désiré et prochain, nos armées leur ravissent Sainte-Lucie, Saint-Vincent, Saint-Eustache et la Guadeloupe.

Mais quel prodige nouveau vient frapper nos regards ! quel est ce jeune héros qui, précédé de la victoire, s'avance à pas de géant dans les murs de Loli ? BUONAPARTE, les succès de l'armée de héros que tu commandes s'élèvent de la patrie des arts et retentissent dans tous les empires; avant le temps ils inscrivent ton nom dans les fastes de l'avenir ! Honneur à ton audace ! honneur, mille fois honneur à ta rare modestie !

Après avoir laissé loin derrière elle les villes vaincues et soumises; après avoir donné des loix aux princes , et des éxemples de modération aux peuples étonnés ; aprés l'intrépide passage du Pô et la bataille de Millesimo , l'armée française se présente aux rives de l'Adda qu'il s'agit de passer. Beaulieu défend ce passage par trente bouches à feu. Une armée en bataille se dispose à fermer l'entrée du pont. Sous le feu d'une grèle de mitraille, *Buonaparte* empêche l'ennemi de couper le pont. Une colonne de quatre mille héros républicains se forme sous ses ordres et est dirigée par Massena , Dallemagne et Bertier. Une canonade terrible annonce l'envie mutuelle de vaincre. La victoire reste en suspens ; *Buonaparte* s'élance à la tête de la colonne ; bientôt l'ennemi, forcé de se retirer , abandonne toutes ses positions , et les

François détruisent encore ces nouveaux ther-
mopyles.

Parlerai-je des résultats de tant de victoires éclatantes ? Vous répéterai-je les termes
de cette paix signée avec la Sardaigne ? Vous
peindrai-je l'étonnement de ces potentats
obligés de fournir des subsides, de rendre
à nos ambassadeurs les honneurs qu'ils doi-
vent aux envoyés d'un grand peuple, et de
déposer , dans les mains de nos généraux ,
les tributs de leurs arts et de leurs trésors?
Non ! modestes dans nos succès, déplorant
les malheurs dont la guerre la plus
glorieuse est trop souvent la cause , formons
des vœux ardens pour que le genre humain
pacifié , ne voie plus sa destinée soumise au
sort des batailles , et la mort parcourant
l'Univers , précédée de la dévastation et
suivie du désespoir.

Mais, ces combats , ces victoires , ces
succès ; mais les dépouilles triomphales de
tant de princes vaincus ; tout cela devait-il
donc être la proie d'un gouvernement ré-
volutionnaire , que la terreur voulait rétablir
sur nos ossemens ? Quoi , c'était pour de

crapuleux tyrans que nos Héros voyaient leur sang couler ! Quoi, tant d'actions éclatantes étaient destinées à consolider l'étrange sénat dont un *BABŒUF* devait être le coryphée ! et c'était pour remettre en vigueur le code sanguinaire de 1793 que les vainqueurs de Parmes, Lodi, Milan, Plaisance, donnaient des lois aux souverains et des exemples de philantropie aux peuples vaincus, Oh non ! non sans doute, nos armées ne se battent ni pour l'anarchie, ni pour la tyrannie d'un seul.

Ils savent se battre, ils savent souffrir, ils savent vaincre, les Français armés pour la défense de leurs droits ; mais ils ne savent qu'obéir au Gouvernement qu'ils ont solemnellement accepté. Il est bien vrai qu'ils sont las de voir une foule d'insectes venimeux qui se disputent le plaisir de ronger le tronc de la constitution républicaine; il est vrai qu'ils savent très-bien que la plupart des meneurs révolutionnaires du parti infernal ligué contre le Peuple français, sont désignés par la crapule, l'ignorance et le vol dans lequel ils ont vécus; mais ils savent aussi, *avec toute la France qui le désire*, que lorsque le Gouvernement voudra, ces dévorateurs perpétuels seront rendus à la nullité dont ils ne sont sortis, qu'à travers les crimes qui ont manifesté leur existence. Ils demandent, les soldats de la liberté, pendant qu'ils gagnent des batailles, que les citoyens armés dans l'intérieur veillent au sort des familles qu'ils ont laissées dans nos murs.

Vous ne serez point trompés dans votre attente, soldats de la République : la victoire que vient de remporter le Gouvernement, victoire non moins éclatante que les vôtres, puisqu'elle n'a coûté que les efforts d'une surveillance active, vous est le garant de notre zèle à conserver le dépôt sacré de vos familles et de vos propriétés.

Vous ne vous rallierez pas aux drapeaux sanguinaires de l'anarchie, et votre mépris, devançant la justice qui sera faite des Cannibales qui devaient offrir à la France éplorée, les cadavres amoncelés de vos législateurs et de vos magistrats, nous répond que vous vaincrez toujours pour la Patrie et pour ses loix.

Pour nous , Citoyens , nous vous le répétons encore aujourd'hui ; il suffit que votre commune ait été désignée par les conspirateurs , comme un foyer d'insurrection, (*) pour que , surmontant les dégoûts dont on a voulu nous abreuver , nous restions au poste où les bons Citoyens nous ont élevés. Enveloppés de la loi , forts de nos intentions et de nos services , appuyés sur nos consciences , nous avons juré de veiller pour vous , de maintenir le dépôt de la constitution de 1795 , de partager vos douleurs et vos privations , et de confondre nos misères communes dans l'espérance d'en voir diminuer la pésanteur.

Magistrats du Peuple , la loi inscrit dans les fastes de la postérité , les noms des guerriers qui ont bien mérité de la Patrie : inscrivons les nôtres dans l'estime , dans les souvenirs de nos Concitoyens ! c'est en vain

______

(*) *Voyez* les messages du Directoire exécutif envoyés au Corps législatif.

qu'on aurait voulu vous ravir cette estime précieuse, en rejetant sur vous les malheurs des circonstances qui rendent l'exécution des loix si difficile et si laborieuse. C'est en vain qu'on a eu l'impudeur de rejeter sur vous l'arbitraire momentané , ordonné par les besoins de l'État ; c'est en vain qu'on a feint d'ignorer , ou d'oublier, et vos sol- licitudes , et vos veilles opiniâtres, et votre besoin de secourir vos administrés , en se- condant le Gouvernement. Le Peuple , souve- rainement juste quand il n'est pas circonve- nu , rend justice à vos soins et à vos travaux, parce qu'il sait que vous ne dénaturez pas ses vertus primitives , et que vous n'encensez pas ses erreurs pour partager ses dépouilles.

Tous réunis , Citoyens , surveillons les malveillans, dont la turpitude, l'immoralité et les démarches ne nous échappent pas. Disposés à tendre une main secourable à l'erreur de bonne foi, nous amassons dans le silence les renseignemens qui intéressent la sûreté publique ; et si des crimes se projettaient, rassurez-vous, Citoyens; c'est avec la promptitude de la foudre , qu'armés pour vous défendre, vos Magistrats , *les premiers soldats de la loi,* déploieraient sa toute-puissance.

J. CHARRON.

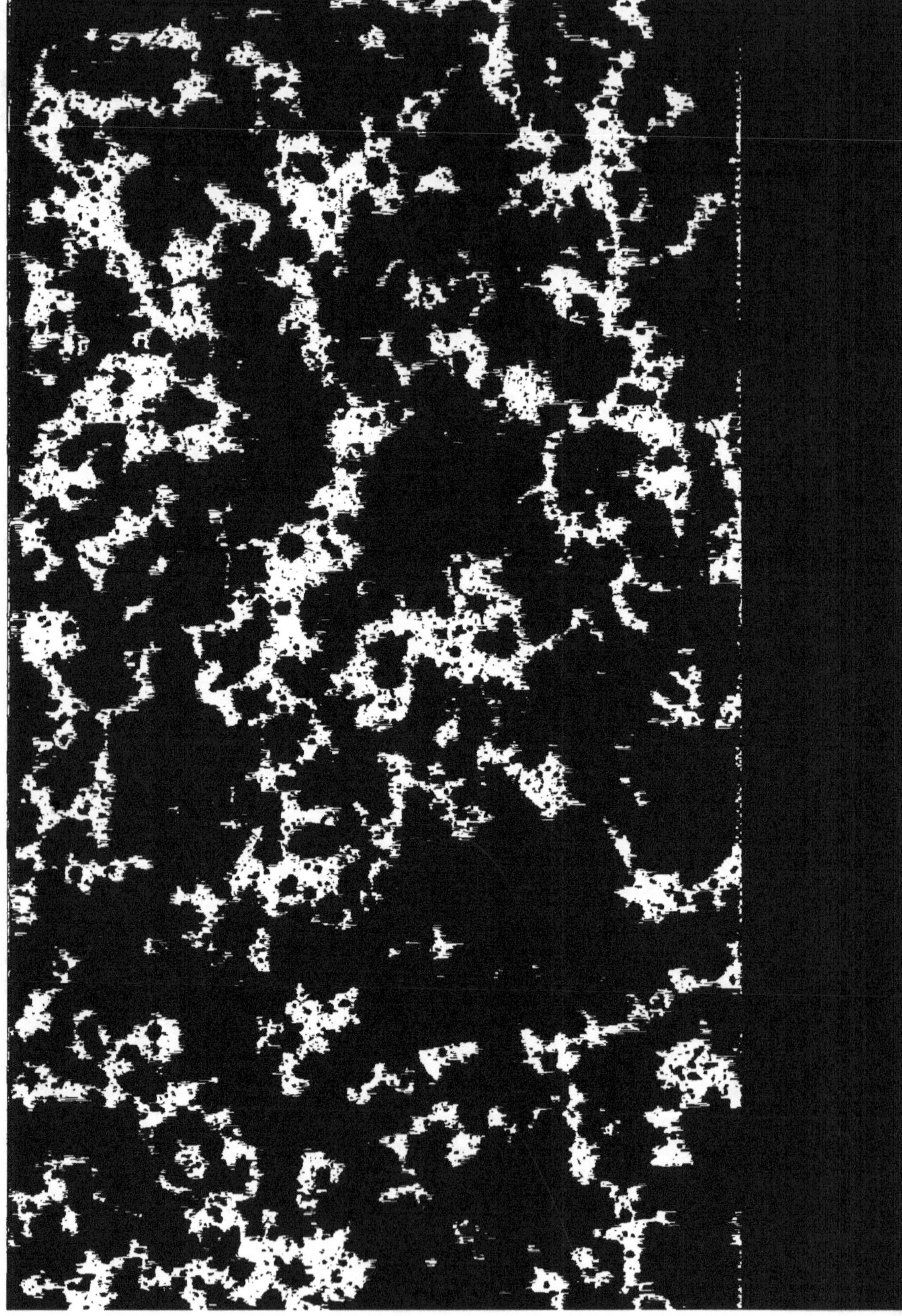